Spagat

Der ultimative Leitfaden für Anfänger zum Dehnen von Spagat – Leitfaden für sichere und einfache Übungen zum schmerzfreien Dehnen von Spagat

(Keine Maschinen, Kabel oder Geräte erforderlich)

Von Freddie Masterson

Weitere tolle Bücher finden Sie unter:
HMWPublishing.com

Ein weiteres Buch kostenlos herunterladen

Ich möchte mich bei Ihnen für den Kauf dieses Buches bedanken und Ihnen ein weiteres Buch (genauso lang und wertvoll wie dieses Buch), „Gesundheits- & Fitnessfehler, von denen Sie nicht wissen, dass Sie sie machen", völlig kostenlos anbieten.

Klicken Sie auf den untenstehenden Link, um sich anzumelden und es zu erhalten:

www.hmwpublishing.com/gift

In diesem Buch werde ich die häufigsten Gesundheits- und Fitnessfehler aufschlüsseln, die Sie wahrscheinlich gerade begehen, und ich werde aufzeigen, wie Sie sich leicht in die beste Form Ihres Lebens bringen können!

Zusätzlich zu diesem wertvollen Geschenk haben Sie auch die Möglichkeit, unsere neuen Bücher kostenlos zu bekommen, an Gewinnspielen teilzunehmen und andere wertvolle E-Mails von mir zu erhalten. Besuchen Sie den Link, um sich anzumelden:

www.hmwpublishing.com/gift

Inhaltsverzeichnis

Einführung 8

Kapitel 1 - Erlernen der Grundlagen 15

Die Definition von Spagat: 15

Hier ist eine kurze Liste der verschiedenen Arten von Spagat, die Sie ausführen können: 18

Kapitel 2 - Isometrische Übungen 20

Meine persönliche Erfahrung mit isometrischen Übungen 22

Was ist die richtige Technik? 24

Kapitel 3 - Immer zuerst aufwärmen 27

Warum müssen Sie sich aufzuwärmen? 28

Es ist wichtig, die Grenzen der Aufwärmübungen zu kennen. 30

Was passiert, wenn Sie es vergessen oder sich nicht dehnen? 32

Kapitel 4 - Testen Sie Ihr Potenzial 34

Schritt 1): Stellen Sie sicher, dass Sie Ihren Körper aufwärmen und dehnen. 36

Schritt 2): Nun, da Sie entsprechend Ihrem Körper positioniert haben. 37

Schritt 3: Nun in den Spiegel schauen. 37

Was haben Sie getan? 38

Kapitel 5 -Dehnübungen 41

Was ist dynamisches Dehnen? 42

Hier einige einfache Geräte, die für Dehnübungen benötigt werden: 43

Einige Vorteile von Dehnen: 45

Vorsichtsmaßnahmen während der Dehnübungen (Sorgfältig durchlesen!): 48

Hier sind wichtige Dehnübungen, die für die Durchführung eines Seitenspagats relevant sind: 51

(1) Abwärtsgerichteter Frosch: 51

(2) Sitzende Seitendehnung: 56

(3) Der Schmetterling: 58

(4) Hüftadduktordehnung: 60

(5) Wadendehnung mit gebeugtem Bein 62

(6) Dehnung für Vorderseite von Wade und Zehen: 64

Ein Tipp sollte man während des Dehnens im Auge behalten 66

Kapitel 6 - Dehnen: Vorbereitung, um einen Spagat durchzuführen 68

Erinnerung „Vorbereitungübungen" vor einem Spagt: 70

Goldene 4-Schritt-Freihandübungen - Schritt - 1: 72

Goldene 4-Schritt-Freihandübungen - Schritt - 2: 74

Goldene 4-Schritt-Freihandübungen - Schritt - 3: 76

Goldene 4-Schritt-Freihandübungen - Letzter Schritt: 78

Kapitel 7 – Einfache Dehnung für einen Seitenspagat 82

Hier ist ein weiterer kleiner Hinweis für Sie: 83

Schritte für einfache Dehnübungen für einen Seitenspagat: 84

Schritt 1): Startposition für ein Seitenspagat: 85

Schritt 2): Beginn einen Seitenspagat zu erhalten 87

Schritt – 3: Seitenspagat mit Füßen nach oben zeigen: 89

Bewertungsindikator 91

Kapitel 8 – Fortgeschrittene Dehnübungen für einen vollständigen Spagat 98

Haltung – 1 99

Haltung – 2 102

Haltung – 3 104

Haltung – 4 106

Haltung – 5 108

Haltung – 6 110

Haltung – Perfekt 112

Kapitel 9 - Tipps für einen 180-Grad-„Seitenspagat". 113

Die ultimativen „TÄGLICHEN 7-Schritte-Dehnübungen", mit denen Sie Ihr Ziel eines 180-Grad-Seitenspagat verwirklichen können 114

Kapitel 10 - Zusammenziehen & entspannen 120

Was passiert, wenn Sie sich dehnen? 120

- Schritt 1) Starten Sie Ihr CR-Training mit der Pferdehaltungsposition. 122

- Schritt 2) Erhöhen Sie allmählich die Belastung Ihrer Muskeln. 125

- Schritt 3) Wenn Sie die ersten leichten Stress verspüren, machen Sie Folgendes! 126
- Schritt 4) Tiefere Ausdehnungen 128
- Let wir fassen die 4 Schritte: 130

WIEDERHERSTELLUNGSZEIT: 131

- Schritt 5) Führen Sie eine Stretching-Sitzung. 132
- Schritt 6) Last Intensive Kontraktions. 132

Kennen Sie die folgende Wahrheit über Relaxed Dehnt 136

Kapitel 11 - Praxis Splits Every Day 139

Üben Sie den Spagat täglich, um Verbesserung zu sehen ...140

Kapitel 12 – Dehnübungen für die Beine 145

Was sollte Ihr Ziel sein, wenn Sie Beinstrecken ausführen? 146

Grundlegende Dehnübung für die Beine 147

Beinstrecken für die Kniesehnen: 149

Beinstrecken für den Quadrizeps: 154

Die auf der Seite liegende Version: 156

So verbessern Sie Ihre Flexibilitätssicherheit während des Spagats. 159

Bonuskapitel: Video-Tutorial zum Dehnen 161

Schlussworte 164

Über den Co-Autor 166

Einführung

Ich möchte mich bei Ihnen bedanken und Ihnen zum Kauf dieses Buches „Spagatmethode" gratulieren. Ich freue mich, Ihnen heute einige Ideen und Geheimnisse mitteilen zu können, die Ihnen dabei helfen, den Traum vom perfekten Spagat zu verwirklichen! Ja, das haben Millionen von

Augen gemeinsam. Lassen Sie mich Ihnen sagen, dass sich die Bemühungen der Mehrheit als wilde Gänsehaut erwiesen haben, da die meisten Methoden, die heute auf der ganzen Welt angewendet werden, Ihren Schweiß verbrennen, Sie ermüden und Ihnen alles andere als Ihren Traum vom „PERFEKTEN SPAGAT" gewähren würden.

Meine Methode und der Hauptzweck dieses kurzen, aber einfallsreichen Buches ist es, Ihren Körper auf dramatisch unkomplizierte und effiziente Weise GESUND und FLEXIBEL zu machen. Ich werde diesen Leitfaden nicht ausdehnen und Sie mit all den literarischen Gesprächen und komplizierten Diskussionen langweilen, sodass alle Leser ein Lächeln auf Ihr Gesicht zaubern, da dieses Buch prägnant ist und dennoch alles enthält, was Sie wissen müssen, um sich in das Werden umzuwandeln ein Perfektionist bei der Durchführung der Spaltungen. Sie müssen sich also die Frage stellen: „Auch wenn dieses Buch einen idealen Leitfaden bietet, wie lange werde ich mindestens brauchen, um einen Spagat zu erreichen?" Die Antwort auf diese Frage hängt wirklich davon ab. Es kann so kurz wie möglich dauern. Ein paar Tage bis ein paar Monate, alles hängt wirklich von Ihrer aktuellen Flexibilität ab.

Außerdem heiße ich Freddie Masterson und ich bin der Hauptautor dieses Buches. Vor dem Schreiben dieses Buches habe ich diese Dehnungstechnik in den letzten 25 Jahren geübt. Wenn Sie schon eine Weile versucht haben, den Spagat auszuführen und regelmäßig sich zu dehnen, wird dieser Leitfaden Ihnen sogar dabei helfen, dies in nur wenigen Tagen zu erreichen. Sie kennen Ihren Körper mehr als jeder andere und ohne Zweifel hat jeder Mensch eine einzigartige Struktur, so dass die Zeit für jeden einzelnen Menschen anders ist.

Was ich mein ganzes Leben lang getan habe, halte ich diese Technik für die BESTE, da ich eine tiefgehende Erfahrung mit Yoga, Dehnübungen und Dehnhelfern habe. Ich habe sogar Beinstreckmaschinen im Wert von 250 US-Dollar gekauft, damit ich den perfekten Spagat erzielen kann. Kurz gesagt, ich habe alle verfügbaren Optionen ausprobiert, um die Teilung durchzuführen, aber für mich hat nichts außer dieser Technik funktioniert. Ich habe mit dieser Methode die besten Ergebnisse erzielt und diese Technik in meinen Kampfkunstkursen oft demonstriert. Nochmals vielen Dank, dass Sie sich für dieses Buch entschieden haben. Ich hoffe, es gefällt Ihnen.

Aber bevor Sie mit dem beginnen, empfehle ich Ihnen, **sich für unseren E-Mail-Newsletter anzumelden**, um über neue Buchveröffentlichungen oder Werbeaktionen informiert zu werden. Sie können sich kostenlos anmelden und erhalten als Bonus ein kostenloses Geschenk: unser Buch *„Gesundheits- & Fitnessfehler, von denen Sie nicht wissen, dass Sie sie machen"*! Dieses Buch wurde geschrieben, um zu entmystifizieren, die wichtigsten Vor- und Nachteile aufzudecken und Sie endlich mit den Informationen auszustatten, die Sie benötigen, um sich in der besten Form Ihres Lebens zu befinden. Aufgrund der überwältigenden Menge an Fehlinformationen und Lügen, die von Magazinen und selbsternannten „Gurus" erzählt werden, wird es immer schwieriger, zuverlässige Informationen zu erhalten, um in Form zu kommen. Im Gegensatz zu dutzenden von voreingenommenen, unzuverlässigen und nicht vertrauenswürdigen Quellen, um Ihre Gesundheits- und Fitnessinformationen zu erhalten. In diesem Buch ist alles aufgeschlüsselt, was Sie brauchen, um in kürzester Zeit Ihre gewünschten Fitnessziele zu erreichen.

Um sich für unseren kostenlosen E-Mail-Newsletter anzumelden und ein kostenloses Exemplar dieses wertvollen Buches zu erhalten, besuchen Sie bitte den Link und registrieren Sie sich jetzt:

www.hmwpublishing.com/gift

Kapitel 1 - Erlernen der Grundlagen

Es ist wichtig, die Grundlagen von SPAGAT zu lernen, bevor wir damit beginnen.

Die Definition von Spagat:

Der Spagat ist die typische Position des Körpers, in der Ihre Beine bis zum Äußersten ausgestreckt sind, jedoch in entgegengesetzte Richtungen. Schauen Sie sich das Bild unten an, um einen Seitenspagat zu visualisieren.

Während Sie einen Spagat durchführen, ist der Winkel zwischen den beiden Schenkeln fast 180 Grad. Lassen Sie uns ein wenig mehr über die Grundlagen von Spagat lernen:

Eine Spagatübung beinhaltet die erstaunliche Flexibilität von drei Muskeln: Iliacus - Psoas - Beinbeuger

- **iliacus** - Laut Wikipedia – Die Iliacus ist ein flacher, dreieckiger Muskel, der die Fossa iliaca an der Innenseite des Hüftknochens füllt.

- **psoas** - Psoas ist ein Oberflächenmuskel, den die meisten von uns nicht nach Belieben beugen oder lösen können. Es ist tiefes Gewebe, das an komplexen

Bewegungen und Interaktionen durch den Kern und den unteren Teil des Körpers beteiligt ist.

- **Beinbeuger** - Die Muskeln der Oberschenkelmuskulatur bestehen aus drei getrennten Muskeln, dem Bizeps, dem Femoris und dem Semitendinosus. Sie sind in erster Linie schnell zuckende Muskeln, die auf niedrige Wiederholungen und kraftvolle Bewegungen reagieren.

Eine gründliche Kenntnis der Muskeln ist wichtig, aber es ist nicht zwingend ein Experte zu werden, während wir mehr über den Spagat lernen. Spagat kann auch in eine

Vielzahl von Arten durch die Körperorientierung klassifiziert werden.

Hier ist eine kurze Liste der verschiedenen Arten von Spagat, die Sie ausführen können:

- Seitenspagat
- Überspagat
- Frontspagat
- Vertikaler Spagat
- Gedrehter Spagat
- Halber Spagat
- Gespreizter Spagatsprung

Sobald Sie gelernt haben, einen Seitenspagat durchzuführen, laufen alle anderen Spagatübungen reibungslos und ohne viel mehr Aufwand ab. Seitenspagat ist die Art von Spagat, bei denen sich beide Beine in Bezug auf den Rumpf in entgegengesetzter Richtung befinden. Sie können zurückblättern, um das Bild des Seitenspagats zu sehen. Wir werden jetzt auf den Kern des Themas eingehen – „ISOMETRIE" – die Hauptvoraussetzung für das Erreichen eines Spagats.

Kapitel 2 - Isometrische Übungen

Wir betreten langsam die Arena, um einen tatsächlichen Seitenspagat durchzuführen. Wenn Sie jemals versucht haben, Seitenspagat zu machen, sollten Sie die Bedeutung der Muskelkraft kennen, um diese schmerzfrei ausführen zu können. Wenn sich Ihre Muskeln in einer festen Position befinden, werden Sie Ihre Muskeln stark beanspruchen. Dieser Befehl umfasst Ihr GEWICHT und Ihre ISOMETRISCHE KONTRAKTION.

Isometrie ist eine Art Training, bei dem sich Gelenkwinkel und Muskellänge während der Kontraktion nicht ändern. Die Isometrie steht im Gegensatz zur konzentrischen oder exzentrischen Kontraktion, die typischerweise als dynamische oder isotonische Bewegungen bezeichnet wird. Die Isometrie wird in statischen Positionen durchgeführt, anstatt über einen Bewegungsbereich dynamisch zu sein. Schauen Sie sich die obigen Abbildungen an, und Sie werden verstehen, was Isometrieübungen sind.

Die isometrische Kontraktion ist eine LEISTUNGSFÄHIGE, EXTREME und BEDEUTUNGSFÄHIGE Kontraktion der

Muskeln, die die Länge, Kraft und Elastizität erhöht, die für Spaltungen erforderlich sind. Sie trainieren auf diese Art und Weise, um Ihren Körper zu ermüden, anstatt ihn in SCHMERZEN zu versetzen, da Müdigkeit das Haupthindernis zwischen Ihnen und perfekten Seitenspalten ist. Wenn Sie die isometrischen Übungen fortsetzen, ermüden Ihre Muskeln schließlich noch mehr und lassen sie nur ENTSPANNT. Dies möchten wir erreichen.

Meine persönliche Erfahrung mit isometrischen Übungen

Während ich an den brasilianischen Jiu-Jitsu-Demonstrationen teilnahm, ließ unser

Ausbilder uns eine genaue Kontrolle, Gewichts- und Ermüdungskontrolle durchlaufen. Allerdings, wenn unser Ausbilder uns dabei erwischt hat, wie wir unsere Muskeln benutzen oder was ich als „Muskelmethoden" bezeichne. (Muskelkater ist die absolute Abhängigkeit von der Muskelkraft während des Kampfes), er würde uns zur Seite gehen lassen und 50 Liegestütze machen. Er würde dies immer und immer wieder tun, bis unsere Arme so müde waren; Wir waren nicht in der Lage, die Techniken zu „bemuskeln"... selbst wenn wir es versuchten!

Muskeln spielen KEINE Hauptrolle, denn wenn Sie sich in dem Moment, in dem Ihre

Muskeln müde werden, nur auf Muskelkraft verlassen, werden Sie sich ergeben. Darüber hinaus mussten wir, weil unsere Muskeln so müde waren, Hebel und die richtige Technik anwenden!

Was ist die richtige Technik?

Das ist das, was wir „Isometrie" nennen. Es schützt unsere Muskeln vor Verletzungen. Der Widerstand der drei Muskeln macht es so schwierig, die Spaltungen zu erreichen. Wir bemühen uns sehr, einen Nebeneffekt zu erzielen, aber unsere Hoffnungen sind zerbrochen, und suchen nach WUNDERN.

Wir kaufen teure Stretching-Maschinen im Wert von fast 250 US-Dollar und gehen davon aus, dass die Qualen, die wir uns zuziehen, zu einer Verbesserung unseres Fortschritts bei dem Seitenspagat führen werden, die Ihre Muskeln dauerhaft schädigen können. Ich möchte überhaupt nicht sarkastisch sein, aber das ist es, was fast jeder von uns getan hat, einschließlich ICH, und wir haben schlecht versagt.

Isometrie hingegen repariert die Muskeln genauso wie das Krafttraining. Isometrie macht die Muskeln stärker, flexibler und verlängert sie. Wir werden jetzt mit SEITENSPAGAT fortfahren. Bevor wir dies tun, müssen wir jedoch die wichtigsten Punkte der obigen Absätze zusammenfassen.

- Isometrie ist eine Art von Bewegungstraining, bei dem sich Gelenkwinkel und Muskellänge während der Kontraktion nicht ändern.

- Wenn Sie weiterhin isometrische Übungen machen, werden Ihre Muskeln noch mehr ermüdet und bleiben nur ENTSPANNT. Dies ist die Hauptvoraussetzung für das Erreichen eines Seitenspagats

Kapitel 3 - Immer zuerst aufwärmen

„Um die Bewegungsfreiheit zu verbessern und Verletzungen zu vermeiden, müssen Sie sich dehnen, aber tun Sie dies niemals, wenn die Muskeln kalt sind." - William Levine, MD, Orthopädie Chirurg und Leiter der Sportmedizin an der Columbia University Medical Center in New York City.

Sie müssen Ihr Aufwärmen mit ein paar leichten aeroben Freihandübungen beginnen, damit das Blut in Ihr Muskelgewebe gelangt und bevor Sie sich dehnen.

Warum müssen Sie sich aufzuwärmen?

Aufwärmübungen sind von entscheidender Bedeutung, bevor Sie ein Training absolvieren oder versuchen, sich für den oben genannten Test zu qualifizieren – „Testen Sie Ihr Potenzial". Die Vorbereitung der Muskeln und Gelenke auf intensivere Aktivitäten beugt Verletzungen vor und fördert die Durchblutung. Aufwärmübungen erhöhen die Körpertemperatur und machen die Muskeln flexibler und empfänglicher für anstrengende Aktivitäten. Eine überwältigende Anzahl von Experten wird zustimmen, dass Sie zuerst Aufwärmübungen machen sollten, bevor Sie sich dehnen. Das Aufwärmen sollte Ihre Herzfrequenz erhöhen, jedoch nicht auf das Niveau, das Sie während eines tatsächlichen SPAGAT erlebt haben.

Machen Sie die üblichen Übungen, um Ihre Muskeln aufzuwärmen und zu lockern. Beginnen Sie vom einfachen Joggen bis zum Stretching. Wärmen Sie Ihren Körper auf, damit sich Ihre Muskeln entspannen können, insbesondere die Kniesehnen und Iliopsoas. Diese können speziell als „Muskeln des Oberschenkelrückens" bezeichnet werden.

Es ist wichtig, die Grenzen der Aufwärmübungen zu kennen.

Sie müssen auf Ihren Körper hören. Wenn Sie sich müde oder unwohl fühlen oder eine Leistungsminderung bemerken, benötigen Sie möglicherweise mehr Erholungszeit oder eine Pause vom Aufwärmen. Wenn Sie sich aktiv fühlen, zwingen Sie sich nicht, die Übungen langsam durchzuführen. Wenn Sie darauf achten, wird Ihr Körper Sie wissen lassen, was er braucht und wann er aufhören muss.

Wenn Sie sich müde fühlen, ist es besser, zehn bis fünfzehn Minuten zügig zu gehen oder langsam zu joggen, als sich vor dem Training zu dehnen. Abkühlung bedeutet einfach, langsamer zu werden und niemals ganz anzuhalten. Wenn Sie sich nach dem Training noch 5 bis 10 Minuten lang mit sehr geringer Intensität bewegen, wird Milchsäure aus Ihren Muskeln entfernt und möglicherweise auch zur Verringerung der Muskelsteifheit beigetragen.

Was passiert, wenn Sie es vergessen oder sich nicht dehnen?

Wenn Sie versehentlich vergessen, Ihren Körper aufzuwärmen, werden oder könnten Sie möglicherweise Ihre Muskeln schädigen, Schmerzen verursachen und mit Sicherheit keinen Spagat machen. Denken Sie daran, dass die Ermüdung durch das intensive Training Ihre Muskeln entspannen lässt. Ein gutes Aufwärmen bereitet Ihren Körper auf intensivere Aktivitäten vor. Durch das Aufwärmen kann sich Ihr Körper den Erfordernissen des Trainings anpassen.

Sie sollten sich 5-10 Minuten lang aufwärmen, indem Sie einige leichte Übungen machen, wie im folgenden Kapitel beschrieben, und dann sollten Sie sich dehnen. Der Grund dafür ist, dass das Dehnen von kalten Muskeln direkt zu gezogenen und zerrissenen Muskeln beitragen kann.

Dehnen, oder sollte ich sagen, dynamisches Dehnen hilft Ihrem Körper, sich auf das Training vorzubereiten. Dies ist auch ein wesentlicher Bestandteil der Erholung von einer Aufwärmaktivität. Auch hier sollten Sie nach dem Aufwärmen auf Dehnen umschalten und alle Trainingseinheiten sollten auch mit Dehnen enden.

Kapitel 4 - Testen Sie Ihr Potenzial

Sie müssen Ihr Potenzial testen, bevor Sie versuchen, einen Seitenspagat durchzuführen. Es gibt einige Dinge, die Ihnen dieses Buch nicht beibringen kann, und das Testen Ihres Potenzials für den Seitenspagat ist eine davon. Sie müssen es selbst tun, da es sich um einen Selbstbewertungsprozess handelt.

Ihr Becken ist die einzige Hürde zwischen Ihnen und dem Erreichen der perfekten Seitenspaltung, es sei denn, Sie haben eine körperliche Deformität. Sie sollten sich jedoch keine Sorgen machen, Übung macht jeden perfekt. Lassen Sie mich Ihre

Anspannung lindern, bevor Sie sich wegen dieses Tests zu viele Sorgen machen. In meiner gesamten Karriere habe ich noch nie jemanden gesehen, der diesen Test nicht bestanden hat. Wir werden die knöcherne Struktur experimentieren, indem wir einen HALBSEITIGEN SPAGAT durchführen.

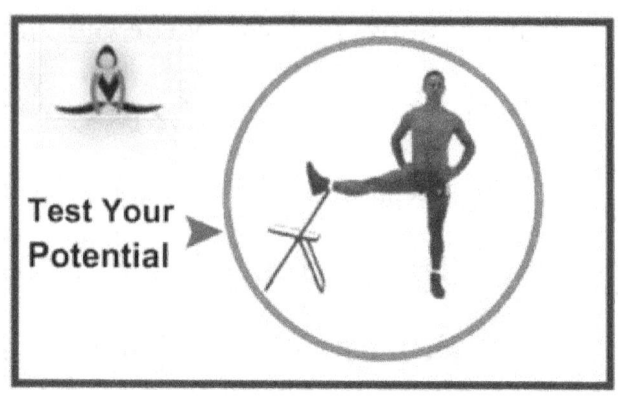

Schritt 1): Stellen Sie sicher, dass Sie Ihren Körper aufwärmen und dehnen.

Positionieren Sie dann Ihren Körper so, dass Ihr Fuß in einer Ebene ruht, in der die Höhe der Ebene der Höhe Ihrer Taille entspricht, z. B. auf einem Eisenstuhl, einem Sofa, einem Tisch, einer Küchentheke oder einem Gerät, das zu Ihnen passt. Am besten führen Sie dies auch vor einem Spiegel durch.

Schritt 2): Nun, da Sie entsprechend Ihrem Körper positioniert haben.

Es sollte genau so aussehen, wie im Bild oben gezeigt. Dies ist ein halber Seitenspagat, da sich Ihr Bein in Bezug auf Ihr Becken im richtigen Winkel befindet und vom Körper weg positioniert ist.

Schritt 3: Nun in den Spiegel schauen.

Beobachten Sie, ob Ihre Haltung gerade und aufrecht ist, als ob Ihre

Füße mit einem aufrechten Körper auf dem Boden ruhen. Zu diesem Zeitpunkt MÜSSEN Ihre Hüften ausgerichtet sein. Wenn Sie ein Gefühl von „KNOCHEN ZU KNOCHEN" nicht wahrnehmen, bedeutet dies, dass Sie das Potenzial für einen Seitenspagat haben. Es ist dieses Gefühl von Knochen zu Knochen, das den Körper daran hindert, in einer aufrechten Haltung zu stehen.

Was haben Sie getan?

Ja, Sie haben mit beiden Beinen einen „halben Seitenspagat" durchgeführt. Dies ist ein Beweis dafür, dass Ihre Hüftgelenke über die erforderliche Beweglichkeit verfügen, um einen vollständigen Seitenspagat durchzuführen. Sie haben auch bewiesen, dass beide Beinmuskeln lang genug sind, um einen Seitenspagat durchzuführen.

Jetzt können Sie einen Seitenspagat durchführen, bei der beide Beine gleichzeitig seitlich gestreckt sind. Nichts anderes als Ihr Nervensystem wird Sie davon abhalten, einen perfekten Seitenspagat zu machen. Es ist wichtig, Ihrem Nervensystem die perfekten Dehnungsmethoden beizubringen. Sobald Sie dies tun, können Sie jederzeit einen Seitenspagat durchführen. Ich bin zuversichtlich, dass Sie bald derjenige sein werden, der lächelt, während Sie den Seitenspagat machen! Befolgen Sie in

Zukunft bitte diesen systematischen Leitfaden ohne Vorurteile, da er Ihnen dabei hilft, an Dynamik zu gewinnen und schneller voranzukommen.

Kapitel 5 -Dehnübungen

Wie bereits erwähnt, sollten Sie auch nach dem Aufwärmen auf Dehnen umstellen. Dies verbessert Ihre Fähigkeit, einen Seitenspagat auszuführen. Wenn Ihren Muskeln warm sind, verbringen Sie ein paar Minuten damit, sich zu dehnen. Da das Ziel des Aufwärmens darin besteht, die Herzfrequenz zu erhöhen und sich auf eine intensivere Arbeit mit Seitensprüngen vorzubereiten, können Sie eine Strecke wählen, die Ihrem Körper und Ihrer Trainingsumgebung entspricht.

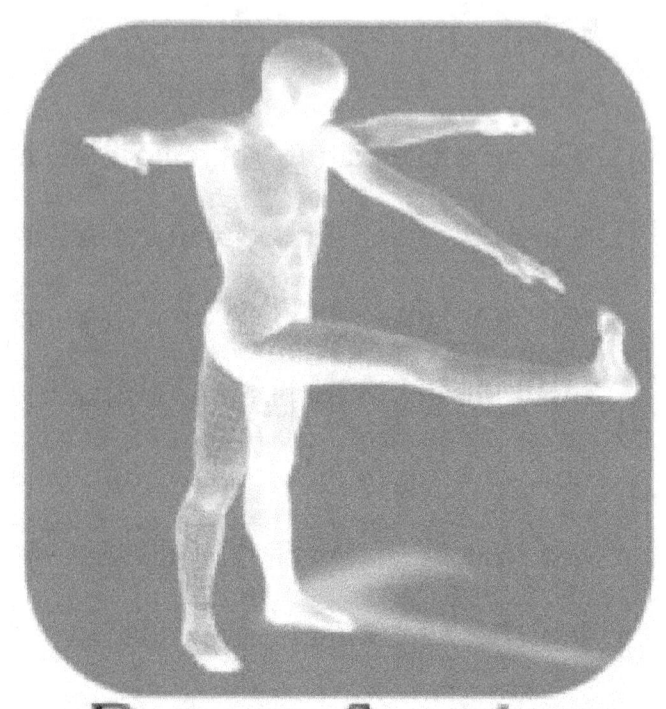

Dynamic Stretching

Was ist dynamisches Dehnen?

Dynamisches Dehnen bedeutet langsame und kontrollierte Bewegungen. Es kann einfache Bewegungen wie Armkreise, Hüftrotationen, Yoga-artige Bewegungen und irgendeine Form von Joggen oder Gehen umfassen. Die drei Bilder unten heben einige Körperhaltungen von verschiedenen Dehnübungen hervor.

Hier einige einfache Geräte, die für Dehnübungen benötigt werden:

- Bodenmatte oder Teppich für ein bequemes Sitzen.

- Tisch oder ähnliche Möbel, um Ihr Körpergewicht zunächst zu stützen

- Schuhe – das Tragen von Schuhen ist für Anfänger geeignet.

- Stoppuhr, um Ihre Leistung zu messen.

Dehnung ist das Schlüsselelement, um Ihre Muskeln zu verlängern und zu lockern. Dehnen ist nicht das erste, was Sie vor dem Training tun sollten. Ich wiederhole mich absichtlich, kann dies jedoch nicht genug betonen. Sie sollten sich immer 5-10 Minuten mit leichten Übungen aufwärmen und dann dehnen. Der Grund dafür ist, dass das Dehnen von kalten Muskeln direkt zu gezogenen und zerrissenen Muskeln beitragen kann.

Ich zeige Ihnen die einfachen Methoden, um einige ausgewählte Dehnübungen durchzuführen, die für einen Seitenspagat relevant sind. Bevor wir dies jedoch tun, möchte ich einige wichtige Punkte der Dehnung hervorheben.

Einige Vorteile von Dehnen:

- Reduziert Muskelkater nach dem Aufwärmen.

- Beschleunigt die Heilung des Muskelgewebes

- Verbessert die Balance und Koordination

- Verbessert die Haltung

- Fördert Muskelentspannung

- Steigert Ihre Körperenergie

- Lindert Rücken- und Gelenkschmerzen

- Reduziert die Wahrscheinlichkeit von Rückenschmerzen

- Fördert die Gesamtkörperentspannung und ein größeres Gefühl des Wohlbefindens

- Erhält lebenslange Flexibilität

Das Durchführen eines Seitenspagats ist eine herausfordernde Operation. Dies ist sehr nützlich für Turner, Tänzer und praktisch alle Sportler. Es erfordert ein enormes Maß an Flexibilität in den Oberschenkeln, der Leistengegend, den Hüftadduktoren und im unteren Rücken. Egal, ob Sie bereits flexibel sind oder nicht – Sie werden mehr Flexibilität und Bewegungsfreiheit finden, wenn Sie Ihre Muskeln vor und nach einer Seitenspaltung dehnen.

Zuletzt möchte ich, dass Sie, bevor Sie mit dem Dehnen beginnen, sehr genau aufpassen und Folgendes gründlich lesen, um Verletzungen zu vermeiden.

Vorsichtsmaßnahmen während der Dehnübungen (Sorgfältig durchlesen!):

- Zwingen Sie ein Gelenk nicht über seinen normalen Bewegungsbereich hinaus, da dies möglicherweise zu einer Instabilität des Gelenks führen kann.

- Seien Sie besonders vorsichtig, wenn Sie an Osteoporose leiden oder Steroide nehmen, da sie das Risiko von Knochenbrüchen erhöhen.

- Vermeiden Sie aggressive Dehnungen von Muskeln, die Sie in einer Schiene oder einem Gipsverband immobilisiert haben. Das

Bindegewebe verliert mit der Zeit an Kraft.

- Das Dehnen muss schrittweise voranschreiten. In einigen Fällen kann es bis zu mehreren Wochen dauern, bis ein Dehnprogramm signifikante Ergebnisse erzielt. Beeilen Sie sich also nicht.

- Sie sollten nach einer Dehnungssitzung nicht mehr als vorübergehende Beschwerden verspüren.

- Schmerzen, die länger als ein paar Tage anhalten, können auf eine Entzündung hinweisen. Das berühmte

Sprichwort „No pain, no gain" trifft hier wirklich nicht zu.

- Vermeiden Sie Dehnungen, wenn Sie geschwollenes oder ödematöses Muskelgewebe haben, da dieses anfälliger für Schäden ist.

- Vermeiden Sie Überdehnung, wenn Sie schwache Muskeln haben.

- Stellen Sie sicher, dass Sie während einer Dehnung immer weiter atmen. Das Anhalten des Atems kann den Blutdruck beeinflussen.

Hier sind wichtige Dehnübungen, die für die Durchführung eines Seitenspagats relevant sind:

(1)   Abwärtsgerichteter Frosch:

Downward Facing Frog

Der abwärtsgerichtete Frosch ist eine tiefe Dehnübung für Ihre Leisten, Ihre Hüften und Ihren unteren Rücken. Positionieren Sie sich wie auf dem Bild auf allen Händen und Füßen auf dem Boden und richten Sie Ihre

Handgelenke unter Ihren Schultern und Ihre Knie unter Ihren Hüften aus. Öffnen Sie Ihre Knie so weit wie möglich und richten Sie Ihre Knöchel mit Ihren Knien aus. Zeigen Sie mit Zehen und Füßen nach außen. Stellen Sie sich vor, Ihre Beine sind nach beiden Seiten gespreizte Froschschenkel. Legen Sie sich auf Ihre Unterarme und lassen Sie Ihren Oberkörper auf den Boden fallen. Wenn Sie zu viel Druck auf Ihren Knien spüren, legen Sie gefaltete Decken oder Kissen hinein, bevor Sie in die Pose kommen. Bleiben Sie mindestens 30 Sekunden bis fünf Minuten in der Pose.

Anweisungen, um diese Dehübungen auszuführen:

(ein) Stecken Sie die Zehen aus der Tischposition heraus herunter, drücken Sie sie in die Hände und beginnen Sie, die Hüften zur Decke hin anzuheben.

(B) Spreizen Sie die Finger weit auseinander mit dem Mittelfinger nach vorne gerichteten und die Handflächen schulterbreit auseinander gestellt. Drücken Sie nach außen durch die Finger und Kanten der Hände.

(C) Drücken Sie die Hüften mit geraden, aber nicht verriegelten Armen nach oben und nach hinten und erreichen Sie die Brust in Richtung der Oberschenkel. Heben Sie sich durch Ihr Steißbein, um Ihre Wirbelsäule gerade und lang zu halten.

(D) Lassen Sie Ihre Füße hüftbreit mit den Zehen nach vorne zeigen. Drücken Sie Ihre Fersen in den Boden und spüren Sie eine Dehnung in Ihren Beinen und in der hinteren Position der Beine. Die Beine sollten auch gerade sein, oder Sie können eine kleine Biegung in den Knien haben, um den Rücken flach zu halten.

(E) Lassen Sie Kopf und Nacken frei von den Schultern hängen oder schauen Sie zum Bauchnabel.

(F) Halten Sie den Atem und tun Sie dies für mindestens 4-8 Atemzüge.

(G) Zum Lösen: Beugen Sie die Knie und senken Sie die Hüften zurück in die Tischposition oder gehen Sie ganz nach unten in die Kinderhaltung.

(2) Sitzende Seitendehnung:

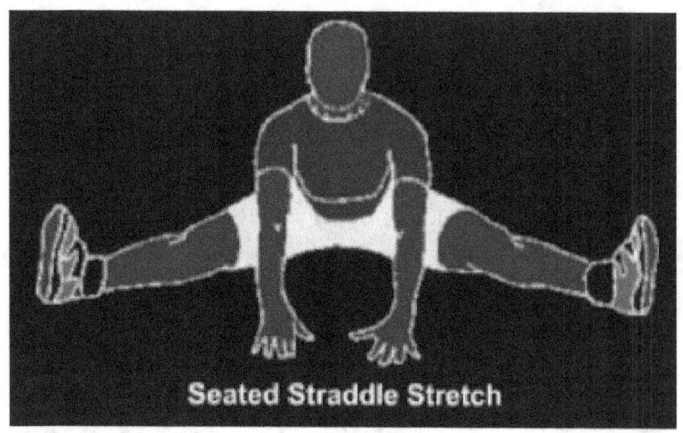

In der Sitzenden Seitendehnung dehnen Sie Ihre Leisten, Kniesehnen und unteren Rückenmuskeln. Setzen Sie sich auf den Boden und achten Sie darauf, dass Sie den Rücken gerade halten und die Beine vor sich auf dem Boden ausstrecken. Spreizen Sie Ihre Beine und versuchen Sie, sie so weit wie möglich in eine „V"-Form zu bringen. Achten

Sie auch darauf, dass Ihre Knie und Zehen in Richtung Himmel zeigen. Spannen Sie Ihre Kernmuskeln an, indem Sie Ihren Bauchnabel nach innen beugen und sich durch Ihre Wirbelsäule verlängern. Hängen Sie es in der Taille ein und falten Sie es nach vorne, senken Sie den Oberkörper und achten Sie darauf, dass es zum Boden zeigt. Halten Sie diese Dehnung 30 Sekunden bis 5 Minuten.

(3) Der Schmetterling:

Der Schmetterling zielt auf die innere Leiste, die Hüften und die unteren Rückenmuskeln ab. Um diese Dehnung durchzuführen, stellen Sie sicher, dass Sie mit einer geraden Wirbelsäule aufrecht sitzen. Achten Sie auch darauf, die Knie zu beugen, und drücken Sie die Fußsohlen direkt vor Ihrer Leistengegend zusammen. Halten Sie Ihre Zehen mit beiden Händen fest. Hängen Sie sich nach vorne in Richtung Ihrer Taille und senken Sie Ihren Oberkörper so weit wie möglich in Richtung Boden.

Drücken Sie die Füße fest ineinander, damit sich Ihre Hüften noch weiter öffnen. Halten Sie Ihre Dehnbewegung für 30 Sekunden bis zu 5 Minuten.

(4) Hüftadduktordehnung:

Setzen Sie sich auf einen festen Untergrund und legen Sie die Fußsohlen zu einem Kreis mit den Beinen zusammen. Lehnen Sie sich sanft nach vorne, um zu spüren, wie sich Ihr innerer Oberschenkel streckt. Verwenden Sie für eine stärkere Dehnung Ihre Arme, um

Ihre Knie sanft zum Boden zu drücken. Halte deine Position für 15 bis 30 Sekunden. Dies spannt die Achillessehne. Wiederholen Sie diese Übung mindestens 5 Mal.

(5) Wadendehnung mit gebeugtem Bein

- Lehnen Sie sich gegen eine Wand, einen Baum oder einen Stuhl, um Unterstützung zu erhalten.

- Setzen Sie Ihren rechten Fuß zurück; Achten Sie darauf, dass Ihre Zehen nach vorne zeigen.

- Beugen Sie Ihr linkes Knie leicht und lassen Sie es niemals über Ihre Zehen hinausragen.

- Beugen Sie dabei langsam Ihr rechtes Knie.

- Halten Sie Ihren Kopf aufrecht und den Rücken gerade.

- Drücken Sie die Ferse des rechten Fußes auf den Boden.

- Halten Sie und wiederholen Sie dann mit dem linken Bein.

(6) Dehnung für Vorderseite von Wade und Zehen:

- Lehnen Sie sich gegen eine Wand, einen Baum oder einen Stuhl, um Unterstützung zu erhalten.

- Beugen Sie Ihr linkes Knie und achten Sie darauf, dass es nicht über Ihre Zehen hinausragt.

- Setzen Sie Ihr rechtes Bein mit den Zehen gerade nach hinten.

- Halten Sie Ihren Kopf aufrecht und den Rücken gerade.

- Drücken Sie den vorderen Teil des hinteren Fußes und den unteren Teil des Beins vorsichtig in Richtung Boden.

- Halten Sie und wiederholen Sie dann mit Ihrem linken Bein.

Ein Tipp sollte man während des Dehnens im Auge behalten

Dehnen Sie Ihren Körper, bis er müde ist. Sie sollten sich nicht in Schmerzen versetzen. Wenn Sie Schmerzen haben, ist Ihr Körper nicht müde genug.

Ausführliche Dokumente finden Sie in Kapitel – 3 „Immer zuerst aufwärmen" und hier in Kapitel – 5 – „Dehnübungen".

Lesen Sie die Kapitel sorgfältig durch und beherrschen Sie diese Abschnitte. Probieren Sie beide Übungen aus. Wenn Sie den Test nicht bestehen konnten, versuchen Sie es jetzt und ich bin zuversichtlich, dass Sie den Test bestehen werden.

Kapitel 6 - Dehnen: Vorbereitung, um einen Spagat durchzuführen

Unsere Mission ist es, Ihnen in diesem Buch den Spagat beizubringen. Sie werden feststellen, dass ich in jedem Kapitel repräsentative Bilder vorgestellt habe. Ich denke, Sie werden mit dieser Anleitung einen Spagat durchführen, aber Sie müssen ihn mehrmals lesen und die Übungen anhand der Bilder üben, bis Sie Ihre ausgewählten Aufgaben problemlos ausführen können. Wir sind sehr nahe dran, die Spagattechnik zu erlernen. Sie müssen dieses Kapitel beherrschen, da Sie ein einfaches Dehnen erreichen müssen, um einen Spagat zu lernen.

Es gibt zwei Arten von Spagat, den Seitenspagt und den Frontspagat. Diese beiden Art von Spagat erfordern erhebliche Flexibilität im unteren Rücken, den Oberschenkeln und den inneren Oberschenkeln. Ich habe Ihnen eine Reihe vorbereitender Dehnübungen in „Kapitel – 5 – Dehnübungen" vorgestellt. Bevor Sie versuchen, sich zu dehnen, um den Spagat zu lernen, müssen Sie die erforderliche Flexibilität durch Dehnungsübungen erreichen. Dies ist die Grundvoraussetzung für ein fruchtbaren und schmerzlosen Spagat.

Erinnerung „Vorbereitungübungen" vor einem Spagt:

Aufwärmen mit einer 10-Minuten-Übung – siehe – Kapitel -4 – „Immer zuerst aufwärmen."

Führen Sie die „Sitzende Seitendehnung" durch (siehe Kapitel 5)

Stellen Sie sich mit schulterbreit auseinander stehenden Füßen und Ihren Armen an Ihre Seite.

Schwingen Sie Ihr rechtes Bein nach oben und versuchen Sie, Ihren

Oberschenkel an Ihrer Brust zu berühren.

Halten Sie das Bein gerade während der gesamten Bewegung und schwingen Sie Ihre Arme, um Ihr Gleichgewicht zu halten.

Führen Sie 20 Wiederholungen durch und wechslen Sie dann die Beine.

Letzter Check: Haben Sie eine erhebliche Flexibilität im unteren Rücken, den Oberschenkeln und den inneren Oberschenkeln erreicht? Wenn nicht, befolgen Sie diese goldene 4-Schritt-

Freihandübungen, und Sie sind bereit für einen Spagat:

Goldene 4-Schritt-Freihandübungen - Schritt - 1:

- Legen Sie sich auf eine Gymnastikmatte. Halten Sie Ihr linkes Bein gerade und beugen Sie Ihr rechtes Bein. Heben Sie Ihr rechtes Bein an und bringen Sie Ihren Oberschenkel so nah wie möglich an Ihre Brust. Halten Sie die Position und zählen Sie bis 10. Kreuzen Sie Ihr gebeugtes Bein über Ihr gerades Bein und versuchen Sie, mit Ihrem Knie den Boden zu berühren, während Sie beide Schultern auf dem Boden halten.

- Halten Sie gedrückt und zählen Sie erneut bis 10.

- Wiederholen Sie den gleichen Bewegungsablauf mit Ihrem linken Bein. Beugen Sie beide Beine, halten Sie sie zusammen und heben Sie sie zu Ihrer Brust. Halten Sie Ihren Rücken auf dem Boden.

- Halten und bis 10 zählen.

- Senken Sie beide Beine, sodass sich Ihre Oberschenkel um 90 Grad mit Ihrem Körper verbinden und Ihre Füße vom Boden abheben. Halten Sie

Beine und Knie zusammen und schwingen Sie sie nach links. Versuchen Sie, die Knie auf dem Boden zu berühren. Halten Sie 10 Sekunden lang gedrückt und schwingen Sie nach rechts.

Diese Übungen werden die Flexibilität des unteren Rückens verbessern.

Goldene 4-Schritt-Freihandübungen - Schritt - 2:

- Setzen Sie sich mit geradem Rücken auf eine Gymnastikmatte.

- Beugen Sie beide Beine und legen Sie die Fußsohlen zusammen. Bringen Sie

Ihre Fersen so nah wie möglich an Ihre Leistengegend. Fassen Sie mit jeder Hand einen Knöchel und legen Sie die Ellbogen auf die Innenseite Ihrer Oberschenkel. Drücken Sie mit den Ellbogen sanft auf Ihre Oberschenkel und versuchen Sie, mit den Knien den Boden zu berühren. Halten Sie die Position und zählen Sie 10. Entspannen Sie sich und wiederholen Sie fünf Mal.

- Lehnen Sie sich beim fünften Mal nach vorne und versuchen Sie, Ihre Brust so nah wie möglich am Boden zu halten.

- Halten Sie die Position 10 Sekunden lang gedrückt, entspannen Sie sich und wiederholen Sie den Vorgang viermal. Dadurch werden die Leistengegend, die inneren Schenkel und der untere Rücken gestreckt.

Goldene 4-Schritt-Freihandübungen - Schritt - 3:

- Setzen Sie sich auf eine Bank oder Couch.

- Stellen Sie einen Fuß auf den Boden und strecken Sie das andere Bein auf der Bank vor sich aus. Beugen Sie das Bein leicht auf der Bank, beugen Sie sich nach vorne und greifen Sie nach den Ballen Ihres Fußes. Ziehen Sie die Bälle und Zehen Ihres Fußes vorsichtig in Ihre Richtung, bis Sie eine Dehnung in Ihrer Wade spüren.

- Halten Sie und zählen Sie 20. Entspannen Sie sich nun für 2 Minuten.

- Ziehen Sie als Nächstes die Fußballen fester in Ihre Richtung und versuchen Sie gleichzeitig, Ihr Bein zu strecken, indem Sie mit Ihrem Wadenmuskel gegen Ihre Hand drücken.

- Strecken Sie Ihr Bein nicht gerade. Halten Sie und zählen Sie 20. Entspannen Sie sich für 2 Minuten.

Strecken Sie als nächstes Ihre Kniesehnen. Strecken Sie Ihr Bein, legen Sie Ihre Hände nahe an Ihre Ferse, lehnen Sie sich nach vorne und versuchen Sie, Ihre Brust mit Ihrem Oberschenkel zu berühren.

- 20 Sekunden gedrückt halten.

- Wechseln Sie die Beine und wiederholen Sie den Bewegungsablauf.

Goldene 4-Schritt-Freihandübungen - Letzter Schritt:

- Führen Sie die sitzende Dehnung durch.

- Setzen Sie sich mit beiden Beinen, die so weit wie möglich seitlich ausgestreckt sind, auf den Boden. Lehnen Sie sich an die eine Hand, beugen Sie sich von den Hüften und versuchen Sie, Ihre Brust bis zu den Knien zu berühren. 10 Sekunden gedrückt halten, dann zur anderen Seite lehnen und die Bewegung wiederholen.

- Greifen Sie als nächstes mit beiden Händen nach vorne, beugen Sie sich von Ihren Hüften und versuchen Sie, mit Ihrer Brust den Boden zu berühren. Halten Sie und zählen Sie bis 10.

- Wiederholen Sie den Bewegungsablauf. Dies streckt Ihre inneren Schenkel, Oberschenkel und Hüften.

(Hinweis: Sie können einen Partner für die sitzende Dehnung einsetzen. Ihr Partner sitzt mit gespreizten Beinen vor Ihnen und beugt sich vor, um Ihre Handgelenke zu greifen. Er positioniert jede Ferse auf der Innenseite Ihrer Füße und drückt Ihre Beine vorsichtig weiter heraus, während er Sie nach vorne zieht).

- Halten Sie die Dehnung und zählen Sie bis 10.

- Entspannen Sie sich für 2 Minuten und wiederholen Sie alles.

- Jetzt sollten Sie bereit sein, einen Spagat durchzuführen.

Kapitel 7 – Einfache Dehnung für einen Seitenspagat

Der Spagat ist eine dieser Bewegungen, die für manche Menschen einfach und für andere viel schwieriger ist. Selbst wenn Sie verspannte Muskeln haben, werden Sie es meistern können, wenn Sie hart arbeiten und sich kontinuierlich dehnen.

In diesem Kapitel zeige ich Ihnen einfache Dehnbewegungen für Seitenteile. Es wird für einen Anfänger ratsam sein, zuerst die „einfachen Dehnübungen" zu meistern, bevor Sie im folgenden Kapitel mit „Fortgeschrittene Dehnübungen für einen vollständigen Spagat" fortfahren.

Hier ist ein weiterer kleiner Hinweis für Sie:

Stellen Sie sicher, dass Sie jede Dehnung auf beiden Seiten ausführen – Sie werden einen guten Schnitt sowohl am rechten als auch am linken Bein wünschen. Führen Sie diese Dehnübungen auch erst durch, wenn Sie das Gefühl haben, dazu bereit zu sein. Üben Sie alle zuvor genannten Strecken so flexibel wie möglich und beginnen Sie erst dann nach und nach mit den in diesem Kapitel genannten Strecken. Wir wollen um jeden Preis Verletzungen vermeiden! Bitte folgen Sie der Abbildung unten.

Schritte für einfache Dehnübungen für einen Seitenspagat:

Schritt 1): Startposition für ein Seitenspagat:

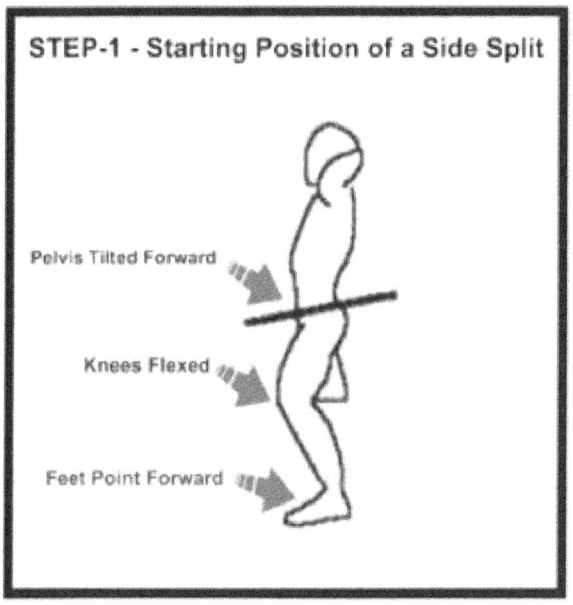

- Zeigen Sie mit den Füßen nach vorne

- Beugen Sie die Knie wie abgebildet

- Richten Sie Ihre Füße wie gezeigt nach vorne

- Wiederholen Sie diesen Vorgang, bis Sie es problemlos können

Schritt 2): Beginn einen Seitenspagat zu erhalten

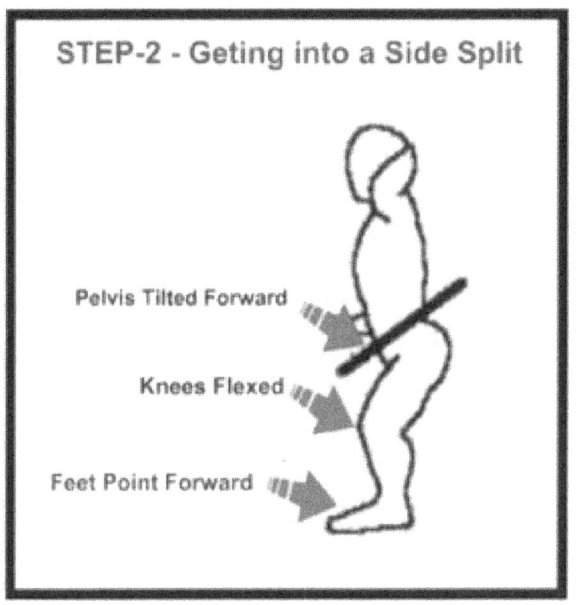

- Spreizen Sie die Beine seitwärts

- Neigen Sie Ihr Becken mehr als gezeigt

- Richten Sie Ihre Füße wie gezeigt nach vorne

- Wiederholen Sie diesen Vorgang, bis Sie es problemlos können

Schritt – 3: Seitenspagat mit Füßen nach oben zeigen:

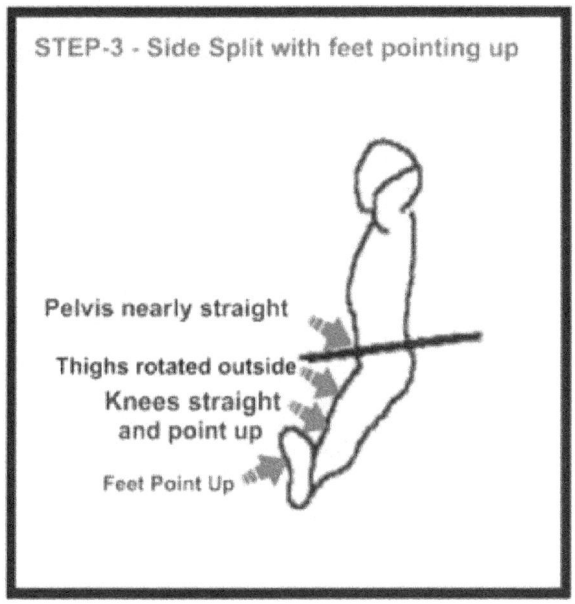

- Machen Sie Ihre Hüften gerade

- Richten Sie Ihr Becken wie abgebildet fast gerade aus

- Machen Sie Ihre Knie gerade und zeigen Sie nach oben

- Drehen Sie Ihren Oberschenkel wie abgebildet nach außen

- Wiederholen Sie diesen Vorgang, bis Sie es problemlos können

Bewertungsindikator

Nun habe ich einen **Bewertungsindikator** für Sie erstellt. Überprüfen Sie Ihre Leistung für ein „Einfaches Dehnen von Seitenspagat" -, nachdem Sie es in den obigen drei Schritten gelernt haben.

(1) Siehe Abbildung unten. OKAY! Halten Sie Ihren Rücken aufrecht und Ihr Becken nach vorne geneigt. Hüften nach vorne und lassen Sie den Hintern nicht auf einer aufrechten, seitlich gespaltenen Streckung nach hinten hängen. Wenn Sie dies genau können, dann ist Ihre Bewertung = 2.

(2) Siehe Abbildung unten und machen Sie Ihre Knöchel, Knie und Hüften in einer geraden Linie. Wenn Sie diese seitlich geteilte Position korrekt ausführen können, ist Ihre Bewertung = 4. Keine schlechte Bewertung.

(3) Schauen Sie sich das Bild unten an und halten Sie die Position Ihrer Hüften direkt auf dem Stuhl aufrecht, wobei Sie den Rücken aufrecht und die Knöchel, Knie und Hüften in einer geraden Linie halten. Wenn Sie es problemlos schaffen und nach ein paar Versuchen 5 Minuten lang aufbewahren können, ist dies Ihre Bewertung = 6.

(4) Siehe Bild unten. Sie vergrößern Ihre Dehnung und entspannen sich mindestens 2 Minuten lang. Wenn Sie es schaffen, ist Ihre Bewertung = 8. Machen Sie weiter so und fahren Sie fort, um eine perfekte 10 zu erhalten. Viel Glück!

(5) Nun schauen Sie auf das Bild unten. Dies ist die endgültige Position. Wenn Sie 5 Minuten in dieser Seitenspagat-Position bleiben können, ist Ihre Bewertung = 10 = Volle Punktzahl. Bravo, das ist ein großer Erfolg!

Kapitel 8 – Fortgeschrittene Dehnübungen für einen vollständigen Spagat

Sobald Sie 10/10 in der obigen einfachen Dehnübung für einen Seitenspagat erreicht haben, sollten Sie zur fortgeschrittenen Dehnübungen für einen vollständigen Spagat übergehen.

Studieren Sie die Illustration und versuchen Sie, die Haltungen unten zu imitieren:

Haltung – 1

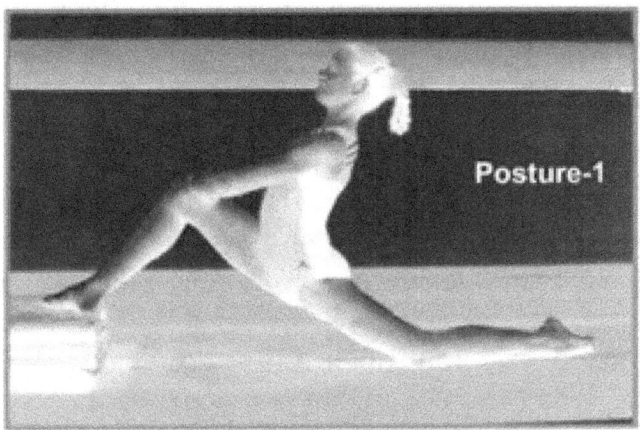

- Um due obigen fortgeschrittene Dehnübungen nachzuahmen, stellen Sie einen Fuß vor sich auf eine Matte.

- Auf dem anderen Fuß über einer Stufe oder einem anderen Gegenstand, der sich etwa **einen Fuß** oder mehr über dem Boden befindet.

- Beugen Sie Ihr Bein um 90 Grad und legen Sie Ihren Fuß flach auf die Matte.

- Halten Sie Ihre Hüften auf die Matte gerichtet, bewegen Sie das andere Bein nach hinten und beugen Sie das Knie hinter sich, bis Sie einen „Mini-Spagat" von Knie zu Knie bilden.

- Schieben Sie Ihre Hüften so weit wie möglich nach vorne und arbeiten Sie dabei von Knie zu Knie in Richtung 180 Grad.

- Halten Sie Ihre Brust und Ihre Hände auf Ihrem vorderen Knie.

- Versuchen Sie, diese Dehnungsposition jeweils etwa 30-60 Sekunden lang zu halten. **Wiederholen Sie diesen Vorgang 3 bis 4 Mal.**

Haltung – 2

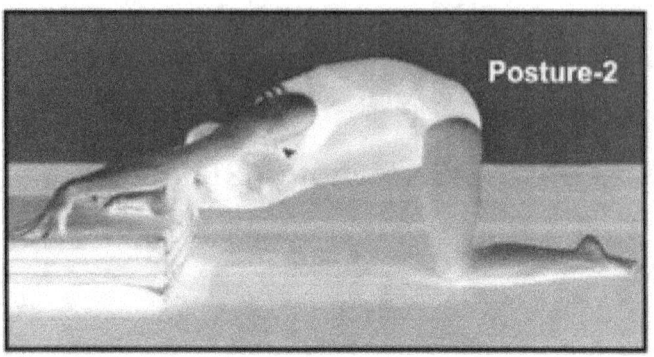

- Stellen Sie ein Bein aus einer knienden Position direkt vor sich auf die Matte.

- Bewegen Sie Ihren Körper zurück, sodass sich nur Ihre Ferse auf der Matte befindet.

- Ihr hinteres Bein sollte sich in einem 90-Grad-Winkel befinden und Ihre Hüften sollten sich in einer

„quadratischen" Position befinden – sie sollten zur Matte zeigen und nicht in die eine oder andere Richtung gedreht werden.

- Halten Sie Ihr Vorderbein gerade und lehnen Sie sich so weit wie möglich nach vorne.

- Versuchen Sie, diese Dehnungsposition jeweils 30-60 Sekunden lang zu halten.

- Wiederholen Sie diesen Vorgang 4 bis 5 Mal, bis Sie es problemlos und ohne Schmerzen schaffen.

Haltung – 3

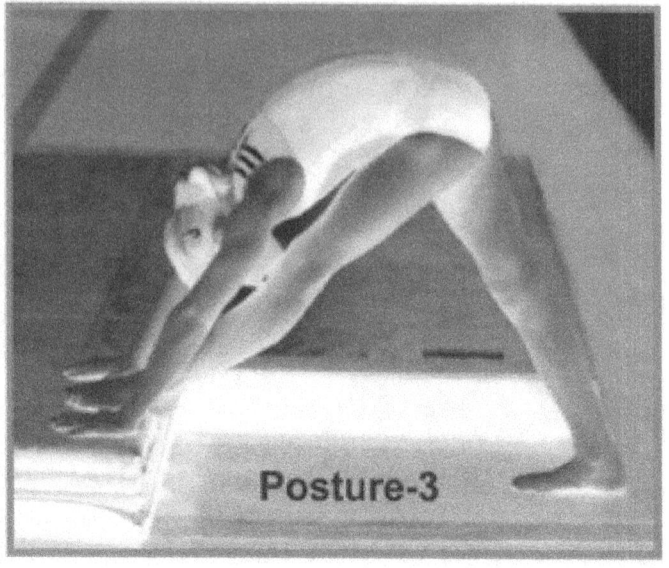

- Stellen Sie im Stehen ein Bein vor sich auf die Matte.

- Halten Sie beide Beine gerade und Ihre Hüften gerade und beugen Sie sich so weit wie möglich vor.

- Ihr hinterer Fuß sollte auf den Boden gestellt und Ihr Fuß gerade oder leicht nach außen gedreht sein.

- Wiederholen Sie diesen Vorgang 4 bis 5 Mal, bis Sie es leicht tun können.

Haltung – 4

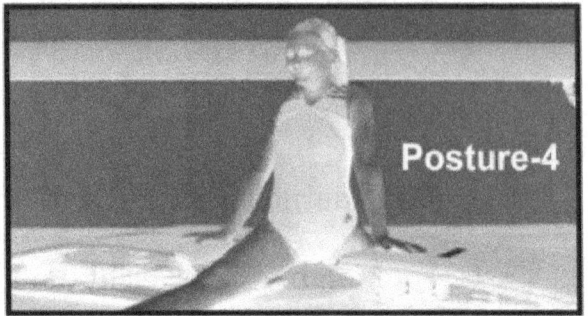

- Sie sollten Ihre Hüften in einer quadratischen Position mit Ihrem Körper halten.

- Ihr Oberkörper sollte gerade und nicht zur Seite zeigen.

- Sie müssen es auch dann tun, wenn Sie durch Quadrieren der Hüften nicht so weit nach unten gehen können.

- Beide Beine sollten gerade und leicht nach außen gedreht sein.

- Ihre Zehen müssen in einer spitzen Position gehalten werden.

- Ihre Brust sollte angehoben sein und sich nicht nach vorne lehnen.

- Sie können diese Haltung – 4 mit einem kleinen Versuch erreichen.

- Tun Sie dies mehrmals, bis Sie diese fortgeschrittene Dehnübung schnell und einfach durchführen können.

Haltung – 5

- In dieser Haltung – 5 müssen Sie sicherstellen, dass Ihre Hüften gerade sind.

- Versuchen Sie am besten, sich gegen eine Wand zu spalten.

- Ihr hinteres Knie sollte fast die Wand berühren und Ihr hinteres Bein sollte in einem 90-Grad-Winkel nach oben gebeugt sein.

- Achten Sie darauf, dass Ihr hinterer Fuß gerade zur Decke zeigt.

- Sie können diese Dehnung auch mit einem Freund machen, der Ihr Bein hält und dabei hilft, dass Ihr Fuß gerade nach oben zeigt.

- Wiederholen Sie diesen Übung mindestens 4 bis 5 Mal, bis Sie die Perfektion erreicht haben.

(Denken Sie daran, Sie sind ganz in der Nähe eines perfekten Spagats).

Haltung – 6

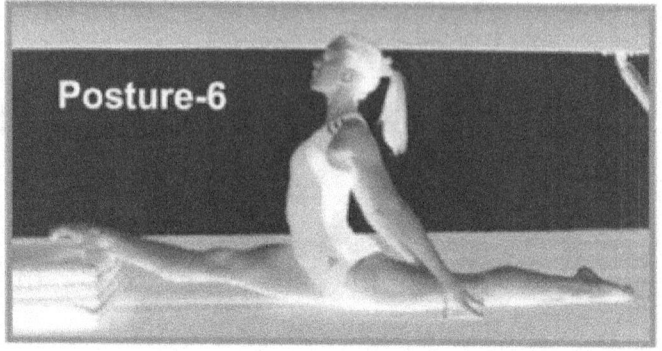

- Sie haben in Haltung -5 bereits einen Quadratspagat auf dem Boden ausgeführt. Schauen Sie sich diese Position genau an.

- Dies ist nur eine kleine Vorauspose und nur einen Schritt von einer perfekten Trennung entfernt. Jetzt müssen Sie Ihren Fuß auf die Matte stellen. So stellen Sie sicher, dass Ihre Beine mehr als 180 Grad gespalten sind.

- Für eine noch größere Dehnung teilen Sie sich zwischen zwei Matten oder zwei Sprungbrettern auf.

- Wiederholen Sie diese Übung, bis Ihre Haltung nur noch ein Spiegelbild von Haltung-6 ist.

Haltung – Perfekt

Das ist „DER PERFEKTE SPAGAT!"

Kapitel 9 - Tipps für einen 180-Grad-„Seitenspagat".

Wir haben genügend illustrative Dokumente zusammengestellt, mit denen Sie die erforderliche Flexibilität für eine erfolgreiche 180-Grad-Seitenspagat-Sitzung entwickeln können. Sie müssen jedoch die Dokumente lesen, sich auf Kapitel 1 bis 8 beziehen, diese Techniken verstehen und versuchen, Ihre Flexibilität zu entwickeln, um die Herausforderungen eines Seitenspagats zu bewältigen.

Ein Seitenspagat erfordert weniger Flexibilität. Aufgrund meiner jahrelangen Erfahrung kann ich Ihnen versichern, dass sich Ihre Flexibilität erheblich verbessern wird, wenn Sie sich jeden Tag dehnen. Die seitliche Teilung erfolgt in der Regel nach vorne gerichtet, wobei die Beine in einem 180-Grad-Seitenspagat herausragen.

Die ultimativen „TÄGLICHEN 7-Schritte-Dehnübungen", mit denen Sie Ihr Ziel eines 180-Grad-Seitenspagat verwirklichen können

- **Schritt 1) Joggen Sie 5 Minuten lang,** um Ihre Muskeln aufzuwärmen

– befolgen Sie „Kapitel – 3 – Immer zuerst aufwärmen".

- **Schritt 2) Stellen Sie Ihre Füße schulterbreit auseinander,** indem Sie Ihre Zehen leicht nach außen zeigen. Beugen Sie das rechte Knie. Schieben Sie Ihr linkes Bein nach außen, bis Sie eine Dehnung spüren. Legen Sie Ihre Hände vor sich auf den Boden und halten Sie das Gleichgewicht. 20 Sekunden gedrückt halten. Wiederholen Sie dasselbe auf Ihrem rechten Bein.

- **Schritt 3) Stellen Sie sich mit zusammengefügten Beinen auf Ihre Füße.** Senken Sie Ihren

Oberkörper in Richtung Ihres Beines – halten Sie Ihre Beine gerade. Schlingen Sie Ihre Arme um die Rückseite IHrer Beine. Halten Sie diese Position für 20 Sekunden. Greifen Sie mit den Händen nach Ihren Zehen und halten Sie sie 20 Sekunden lang gedrückt. Dies wird Ihre Kniesehnen dehnen.

- **Schritt 4) Stellen Sie Ihre Füße in eine breite „V"-Position.** Senken Sie Ihren Oberkörper in Richtung Boden und bleiben Sie mindestens 20 Sekunden dort. Greifen Sie nun mit beiden Händen nach Ihrem linken Fuß und versuchen

Sie, ihn etwa 20 Sekunden lang zu halten. Greifen Sie in gleicher Weise mit beiden Händen nach Ihrem rechten Fuß und halten Sie ihn 20 Sekunden lang gedrückt.

- **Schritt 5) Stellen Sie Ihre Füße in eine breite „V"-Position.** Drehen Sie Ihren Oberkörper nach rechts und beugen Sie dann Ihr rechtes Knie in einem 90-Grad-Winkel. Halten Sie Ihr linkes Bein gerade. Halten Sie die Position für ca. 20 Sekunden. Wiederholen Sie dies auf der anderen Seite, um die Hüftbeuger zu dehnen.

- **Schritt 6) Setzen Sie sich mit angewinkelten Knien** und zusammengepressten Füßen auf den Boden. Lehnen Sie sich leicht nach vorne mit einem flachen Rücken. Ziehen Sie Ihre Füße in Ihre Richtung, bis Sie die Dehnung spüren. 30 Sekunden gedrückt halten, um die Gesäßmuskulatur zu dehnen.

- **Schritt 7) Setzen Sie sich dicht an eine Wand.** Beugen Sie Ihre Knie und legen Sie sie dann auf eine Matte. Schieben Sie Ihre Knie auseinander, sodass sich Ihre Oberschenkel in einer „V"-Position befinden. Ihre Schienbeine sollten flach auf der

Matte liegen. Lehnen Sie sich vor und legen Sie Ihre Unterarme flach auf den Boden. Schieben Sie Ihren Oberkörper zurück in Richtung der Wand hinter sich. Halten Sie Ihren Rücken flach. 20 Sekunden gedrückt halten.

Kapitel 10 - Zusammenziehen & entspannen

Sie haben eine intensive Dehnübung durchlaufen, um einen 180-Grad- oder 160-Grad-Seitenspagat zu erzielen. Jetzt ist es Zeit zum Entspannen.

Was passiert, wenn Sie sich dehnen?

Wenn Sie sich dehnen, aktiviert Ihr Nervensystem den myotischen Reflex oder die Muskelkontraktion als Reaktion auf die Dehnung innerhalb des Muskels. Dies ist ein Dehnungsreflex – ein Mechanismus der natürlichen Abwehr Ihres Körpers gegen

Muskelrisse. Ihre Muskeln reagieren, wenn sie das Gefühl haben, zu weit gegangen zu sein. Die gute Nachricht ist, dass Sie Ihren Reflex viel später trainieren und so Ihren Bewegungsspielraum verbessern können, der bestimmt, wie weit Sie sich dehnen können, bevor sich Ihre Muskeln anspannen.

Das Kontrakt- und Entspannungstraining (CR-Training) ist eine Aktion, bei der alle Muskeln vollständig erschlaffen und alle Spannungen abbauen, um weitere Verletzungen zu vermeiden.

Folgen Sie einfach diesen Schritten:

- Schritt 1) Starten Sie Ihr CR-Training mit der Pferdehaltungsposition.

Eine einfache Möglichkeit, diese Position einzunehmen, besteht darin, aufrecht zu stehen und die Beine leicht zu beugen. Platzieren Sie Ihren Körper so, dass Ihre Hände auf Ihrer Taille oder Hüfte ruhen und Ihre Füße mit geradem Rücken und gebeugten Knien parallel zueinander stehen. Bewegen

Sie nun leicht Ihre Füße weit und weiter voneinander weg, sodass die Muskeln auf der Rückseite Ihres Oberschenkels gestreckt werden.

Wenn Sie sich in dieser Position zum ersten Mal nicht wohl fühlen, verwenden Sie eine Unterstützung, um Ihren Körper auszugleichen, aber denken Sie daran, dass die Unterstützung nicht zum Tragen Ihres Körpergewichts verwendet werden darf. Halten Sie Ihre Knie während dieser „Pferdehaltungsposition" immer gebeugt, da es notwendig ist, Ihre Muskeln und nicht Ihre Gelenke zu belasten und zu ermüden. Falls Sie

Ihre Knie festigen, könnten Sie sich so das Kniegelenk verstauchen. Sie sollten sich entspannt fühlen.

• **Schritt 2) Erhöhen Sie allmählich die Belastung Ihrer Muskeln.**

Sie können dies tun, indem Sie sie in der PFERDEHALTUNGSPOSITION weit auseinander drücken. Sie werden anfangen, mäßige Spannung zu spüren. Denken Sie daran, wir trainieren Ihre Muskeln, um Stress und Anspannung zu verarbeiten. Sie sollten sich nicht zu sehr anstrengen, um Schmerzen zu verspüren. Gehen

Sie es ruhig an und lassen Sie sich Zeit. Seien Sie geduldig. Sie werden sich durch Übung und im Laufe der Zeit entspannt fühlen.

- **Schritt 3) Wenn Sie die ersten leichten Stress verspüren, machen Sie Folgendes!**

Behalten Sie Ihre Position bei, wenn Sie das erste bisschen Stress spüren. Machen Sie sich keine Sorgen, wenn Sie zu diesem Zeitpunkt nur ein paar Zentimeter mit den Füßen gewackelt haben. Dies ist die erste Strecke, also das Maximum, das Sie machen können. Während Sie diese Position beibehalten, ziehen Sie Ihre Muskeln so stark zusammen, dass Ihre Beine anfangen zu zittern. Es passiert, weil Sie versuchen, Ihre Beine nahe beieinander zu bewegen und sie dennoch zusammenzuziehen. Ihre Beine sehen an dieser Stelle wie zwei scharfe Scherenenden aus.

HALTEN SIE IHREN VERTRAG MIT EINER STOPPUHR FÜR MINDESTENS 30 SEKUNDEN UND ZEIT. BERÜHREN SIE NICHT DEN BODEN ODER BENUTZEN SIE EINE UNTERSTÜTZUNG, UM IHR GEWICHT ZU TRAGEN.

FOKUSSIEREN SIE DAS GEWICHT AUF IHRE BEINE.

BEOBACHTEN: *An diesem Punkt die Hände nicht auf den Knien sein sollte, sollten die Knie gebeugt und Hüften aufgerollt werden. Das Niveau der Leichtigkeit der nächsten Strecke hängt von der Dauer der ersten intensiven Kontraktion.*

- **Schritt 4) Tiefere Ausdehnungen**

Nach der ersten intensiven Kontraktion die Haltung für weitere 30 Sekunden halten und Ihre Muskeln entspannen lassen. Führen Sie eine tiefere Strecke durch die Beine bewegen weiter auseinander Spannung zu halten auf Ihre Muskeln.

Dies ist die zweite Kontraktion. Jetzt, nach der zweiten Spannung, Stop & CONTRACT WIEDER für weitere 30 Sekunden. Wenn diese Kontraktion vorbei ist, Ihre Muskeln entspannen und für eine tiefergehende und intensive STRETCH gehen.

Nun zum dritten Mal, wenn Sie eine Strecke tun, und Sie können eine Kontraktions fühlen, halten Sie diese Position für die gleiche Zeitspanne. Dies ist die dritte Kontraktion. Wenn diese Kontraktion bringen ist über die Beine dicht beieinander, schütteln sie herum, herumlaufen und für 3-4 Minuten entspannen. Sie fühlen sich viel besser. Sind Sie ein bisschen verwirrt?

- Let wir fassen die 4 Schritte:

DREI INTENSE KONTRAKTIONEN JEWEILS 30 SEKUNDEN MIT LAUF MACHT EINE KOMPLETTE SET KONTRAKTIONEN.

- Richten Sie Ihren Körper in Pferd Haltung Position, bewegen Sie Ihre Füße auseinander Ihre Muskeln verursachen Spannung zu fühlen, STOP und CONTRACT für 30 Sekunden.

- Halten Sie diese Kontraktion.

- Wiederholen Sie diesen Vorgang zweimal, bis die dritte Kontraktion genähert wird einen tieferen STRETCH zu schaffen.

- Stoppen Sie ziehen und entspannen.

WIEDERHERSTELLUNGSZEIT :

3-4 Minuten, aber betonen Sie Ihren Körper kann diese Zeit sicher von Person zu Person variieren. Also, wenn Sie mehr Zeit benötigen, um Ihre Muskeln zu lockern oder entspannen, dass die Zeit, weil wir Sie durch Ihren Fortschritt uninspiriert sein nicht wollen.

- Schritt 5) Führen Sie eine Stretching-Sitzung.

Sie können dies, indem drei bis fünf TOTAL SETS KONTRAKTIONEN erreichen.

- Schritt 6) Last Intensive Kontraktions.

Dieser Schritt ist eine Modifikation der letzten Kontraktion und ein wenig schwer zu erreichen. Dies wird auch mehr Zeit in Anspruch nehmen.

Halten Sie den allerletzten INTENSE SCHWUND für eine außergewöhnlich lange Zeitspanne, die von 60 bis 90 Sekunden. Es ist wegen dieser Dauer, die der letzte Schritt für TREMENDOUS ENDERGEBNISSE notwendig ist, weil es eine anstrengende Aufgabe ist es, die Kontraktion für eine solche längere Zeit zu akkumulieren.

Nun vorsichtig geht aus dieser Haltung und entspannen und Ihre Muskeln lockern.

Wie Sie selbst voran mit den Dehnungstechniken finden, anstatt nur die Methode völlig fallen lassen und es einen Neuanfang jedes Mal geben, sollten Sie stattdessen mit MINI KONTRAKTIONEN gehen auf halbem Weg durch die Strecken.

1. Gehen Sie Ihre Füße auseinander, bis Sie ein paar Zoll erreicht haben

2. Halt

3. Führen Minikontraktionen für 3-5 Sekunden

4. gehen wieder die Füße auseinander, bis Sie ein paar mehr Zoll erreicht haben

5. Stopp wieder

6. Führen Minikontraktionen WIEDER für 3-5 Sekunden

7. Wiederholen Sie diesen gesamten Prozess ein weiteres Mal

8. Halten Sie es zu tun, bis Sie das Gefühl STRESS auf den Oberschenkeln beginnen

9. Nach dem Druck fühlen, tun die 30 EXTREME Sekunden SCHWUND.

Ja, Sie sind fertig! Sie haben Ihre Muskeln durch mehrfache isometrische jedoch erfolgreich verlängert.

Kennen Sie die folgende Wahrheit über Relaxed Dehnt

- Sie können jederzeit Relaxed Ausdehnungen tun, überall und ohne Aufwärmen.

- Sie müssen geduldig sein, während Relax-Ausdehnungen tun.

- Nie prallen in einer Strecke.

- Erholst Ausdehnungen am Ende des Trainings.

- Die optionale Frequenz für Relax-Ausdehnungen ist einmal täglich.

- Drehen Sie Ihre Beckenschmerzen auftreten, an der Spitze des Beckens zu verhindern.

- Im Gegensatz zu dynamischer Dehnung, verursacht es keine Müdigkeit, die auch nach einem intensiven Training bedeutet, können Sie immer noch, eine gründliche Stretching Routine tun.

- Es kann mit oder ohne Warm-up zu jeder Zeit des Tages durchgeführt werden.

- Es kann von jedermann unabhängig von seinem Fitness-Level erfolgen.

- Es ist die schönste Form von Strecken und können Sie verlassen völlig entspannt fühlen.

An dieser Stelle versuchen, 5 Minuten zu haben, um sie über Ihre Erwartungen zu denken und wie es Ihnen jetzt und in Zukunft zu ändern. Wir werden nun einige wichtige Dokumente relevant hinzufügen „SPLITS Methode."

Nun, ich glaube, dass es notwendig ist, einige wichtige Fragen häufig die Teilnehmer gebeten, zu beantworten.

Kapitel 11 - Praxis Splits Every Day

Wenn Sie einen Spagat machen, verbreiten Sie Ihre Beine im rechten Winkel zu den Oberkörper. Wie ich schon mehrfach erwähnt, den Spagat zu tun, müssen Sie sehr flexibel sein.

Ihre Füße am besten funktionieren, wenn die Beine gegen eine flache Oberfläche verteilt sind. Während einige Menschen als andere natürlich flexibler sind, können Sie Ihre Flexibilität mit regelmäßiger Praxis verbessern.

Üben Sie den Spagat täglich, um Verbesserung zu sehen

Wenn Sie immer noch nicht in der Lage sind, einen vollständigen Spagat durchzuführen, üben Sie das tägliche Dehnen, und Sie werden feststellen, dass Sie Ihre Beine jeden Tag ein bisschen weiter spreizen können –

bis Sie schließlich erfolgreich einen kompletten Spagat durchführen.

- **Schritt 1):** Wärmen Sie Ihre Muskeln durch Gehen, Joggen oder Ausführen von Übungen, wie in Kapitel – 4 – „Immer zuerst aufwärmen" – Seite – 15 beschrieben, oder greifen Sie auf eine andere Herz-Kreislauf-Übung zurück. Wenn Sie sich nicht richtig aufwärmen, bevor Sie den Spagat versuchen, können Sie sich verletzen.

- **Schritt 2):** Wählen Sie, welches Bein vorne sein soll. Die meisten Menschen haben mehr Flexibilität auf einer Seite. Testen Sie Ihre Flexibilität.

- **Schritt 3):** Stellen Sie einen Fuß nach vorne und den anderen hinter sich.

- **Schritt 4):** Gleiten Sie dahin. Sie werden langsam nach unten in Richtung Boden gehen.

- **Schritt 5):** Verwenden Sie Ihre Arme, um Ihren Körper zu stabilisieren, wenn Sie sich dem Boden nähern. Ihre Hände sollten zur Unterstützung auf den Boden gelegt werden.

- **Schritt 6):** Hören Sie auf mit dem Gleiten, wenn Sie sich in Ihren Beinen unwohl fühlen. Fahren Sie nicht fort, wenn Sie Schmerzen haben. Wenn Sie dies tun, können Sie einen Muskel ziehen.

- **Schritt 7):** Bleiben Sie in der Spagatposition für ein paar Minuten. Dies wird Ihre Muskeln daran gewöhnt, in dieser Pose zu sein.

- **Schritt 8):** Üben Sie jeden Tag den Spagat. Sie werden feststellen, dass Sie jedes Mal, wenn Sie üben, näher an einen kompletten Spagat herankommen.

Sie müssen Ihren täglichen Fortschritt aufzeichnen und hoffentlich werden Sie die komplette Übung früher können, als Sie denken! :)

Kapitel 12 – Dehnübungen für die Beine

Ich habe absichtlich dafür gesorgt, dass ich ein ganzes Kapitel über Beinstrecken widme. Sie fragen sich vielleicht: Warum? Dehnübungen für das Bein sind ein entscheidender Faktor für einen Seitenspagat, sowie Gesundheit des unteren Rückens und Komfort. Wenn die Muskeln der Beine angespannt und kurz werden (dies kommt häufig vor, wenn Sie längere Zeit sitzen), können sie die Position des Beckens fixieren und so zufällige Bewegungen verhindern. Wenn sich das Becken in einer festen Position befindet, kann der untere

Rücken angespannt werden, da er versucht, die Bewegung auszugleichen.

Was sollte Ihr Ziel sein, wenn Sie Beinstrecken ausführen?

Ihr Ziel sollte es sein, die Muskeln des Adduktors so zu verlängern, dass sie die natürliche Bewegung Ihres Beckens während des Spagats nicht behindern. Schauen Sie sich die Bilder unten an.

Grundlegende Dehnübung für die Beine

Entspannen Sie sich sanft in einen Seitenspagat nach unten. Es ist nicht wichtig, wie weit Sie gehen können. Wichtig ist, dass Sie sich wohl fühlen. Wenn Sie Ihre Muskeln zu stark drücken, werden sie rebellieren.

Wenn Sie nicht in der Lage sind, den Boden zu berühren, verwenden Sie etwas anderes als Unterstützung. Siehe das Bild auf der nächsten Seite.

Wenn das obige Stück für Sie nicht hoch genug ist, können Sie einen Stuhl oder sogar eine Arbeitsplatte verwenden. Machen Sie es sich in dieser Position bequem und schaukeln Sie dann vorsichtig vor und zurück, damit Sie eine rhythmische Zunahme oder Abnahme der Beindehnung spüren. Verbringen Sie nicht länger als 30 Sekunden in dieser Positon. Es ist am besten, herauszukommen und es zu wiederholen.

Beinstrecken für die Kniesehnen:

Um den Komfort des unteren Rückens zu gewährleisten und das Fortschreiten von Ischiasbeschwerden zu verhindern, müssen die Kniesehnen regelmäßig gedehnt werden.

Diejenigen, die einen Großteil des Tages sitzen, sind besonders anfällig für enge, kurze Oberschenkel. Enge Kniesehnen können wie enge Adduktoren einen starken immobilisierenden Effekt auf das Becken ausüben, der den unteren Rücken belastet.

Legen Sie sich mit einem Bein gerade auf den Boden. Greifen Sie nach der Rückseite des Oberschenkels des anderen Beins und strecken Sie sich zur Decke. Mach dir keine Sorgen, wenn sich dein Bein nicht bis zum Anschlag streckt! Wichtig ist, dass Sie sich so weit wie möglich strecken, ohne zu viel Anstrengung, nur 2 Sekunden lang gedrückt halten und dann loslassen, damit sich das Knie vollständig beugen kann. Jetzt 10 mal wiederholen.

Wahrscheinlich unterscheiden sich diese Strecken aus zwei Gründen von denen, die Sie in der Vergangenheit gemacht haben:

1. Sie versuchen nicht, die Kniesehnen zu dehnen, während Sie Ihr Körpergewicht wie im Stehen halten

2. Sie halten die Dehnung nicht länger als 2 Sekunden. Stattdessen wiederholen Sie die Dehnung zehnmal.

Ich habe festgestellt, dass diese Strategie bei sehr engen Kniesehnen weitaus effektiver ist als bei statischen Dehnungen, bei denen die Dehnung beispielsweise 30 Sekunden lang beibehalten wird. Für diejenigen, die eine tiefere Dehnung wünschen, erreichen Sie das Bein in der Verlängerungsphase höher, wie in der Abbildung hier gezeigt.

Siehe obiges Bild. Sie können während des Verlängerungsprozesses nach der tiefsten Dehnung für den Fuß greifen, wie in der Abbildung hier gezeigt.

Beinstrecken für den Quadrizeps:

Mein Ziel ist es, die Quadrizepsmuskulatur (die Vorderseite des Oberschenkels) so zu verlängern, dass sie das Becken nicht in ein vorderes Drehmoment zieht, das den unteren Rücken belasten kann.

Die kniende Version: Beginnen Sie in der unterstützten Position, wie im Bild oben gezeigt. Beugen Sie sich nun nach vorne, während Sie den Knöchel festhalten, so dass Sie eine Vertiefung der Dehnung im Quadrizeps spüren. Halten Sie nicht länger als 1-2 Sekunden und richten Sie sich dann wieder auf. Wiederholen Sie diesen Vorgang 4-6 Mal und versuchen Sie dabei, etwas tiefer in die Dehnung einzusinken.

Wechseln Sie die Beine und wiederholen Sie diese Sequenz. Siehe Bild unten:

Die auf der Seite liegende Version:

Beginnen Sie in der auf der nächsten Seite gezeigten Seitenlage das Bild.

Greifen Sie nun mit dem linken Knie nach hinten, während Sie den linken Knöchel stabilisieren, und halten Sie ihn nicht länger als **1-2 Sekunden** (Versuchen Sie nicht, länger zu halten, da dies zu Müdigkeit führt).

Wiederholen Sie das Zurückstrecken, spüren Sie, wie sich der Quadrizeps nur 1-2 Sekunden lang ausdehnt, und kehren Sie dann in die Ausgangsposition zurück. Wiederholen Sie 4-6 mal.

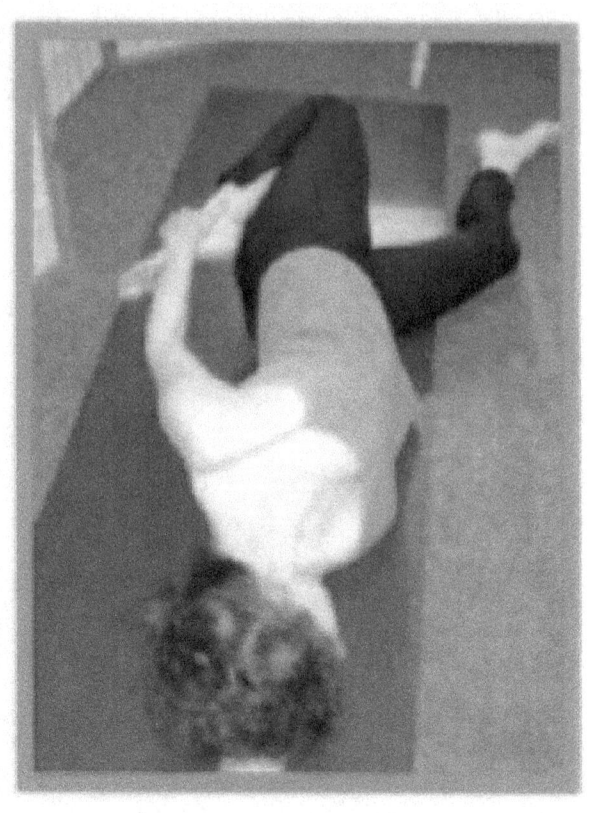

Wiederholen Sie die gesamte Sequenz auf der anderen Seite, wie in der Abbildung dargestellt.

So verbessern Sie Ihre Flexibilitätssicherheit während des Spagats.

Auch das kann ich nicht oft genug wiederholen. Sie sollten nicht den üblichen Fehler machen, während der Strecken zu stark zu pushen. Währenddessen riskieren Sie, Ihre Muskelfasern zu reißen. Muskeln haben eine schützende Reaktion namens „Dehnreflex", die den Muskel bei harten Dehnen zusammenzieht. Zu starkes Drücken wirkt sich somit nachteilig aus. Sie erzielen nicht das gewünschte Ergebnis und riskieren gleichzeitig einen Muskelriss. Die beste Technik ist es also, über einen längeren Zeitraum sanft und schrittweise zu strecken.

Bonuskapitel: Video-Tutorial zum Dehnen

http://www.hmwpublishing.com/splitsbonus

Bitte teilen Sie dieses Video NICHT. Dies ist ein nicht gelisteter Video-URL-Link, der nur von Kunden angesehen werden soll, die dieses Buch gekauft haben. Vielen Dank.

Schlussworte

Nochmals vielen Dank für den Kauf dieses Buches!

Ich hoffe wirklich, dass dieses Buch Ihnen helfen kann.

Wir bitten Sie im nächsten Schritt **sich für unseren E-Mail-Newsletter anzumelden**, um über neue Buchveröffentlichungen oder Werbeaktionen informiert zu werden. Sie können sich kostenlos anmelden und erhalten als Bonus unser Buch „*7 Fitnessfehler, von denen Sie nicht wissen, dass Sie sie machen*"! Dieses Bonusbuch bricht viele der häufigsten Fitnessfehler auf und entmystifiziert viele der Komplexitäten und der Wissenschaft, sich in Form zu bringen. Wenn Sie all diese Fitnesskenntnisse und -wissenschaften in einem umsetzbaren, schrittweisen Buch zusammengefasst haben, können Sie auf Ihrer

Fitnessreise in die richtige Richtung starten! Um an unserem kostenlosen E-Mail-Newsletter teilzunehmen und Ihr kostenloses Buch zu erhalten, besuchen Sie bitte den Link und melden Sie sich an: www.hmwpublishing.com/gift

Wenn Ihnen schließlich dieses Buch gefallen hat, dann möchte ich Sie um einen Gefallen bitten, würden Sie so freundlich sein, eine Rezension zu diesem Buch zu hinterlassen? Ich wäre Ihnen sehr dankbar!

Vielen Dank und viel Glück auf Ihrer Reise!

Über den Co-Autor

Mein Name ist George Kaplo. Ich bin ein zertifizierter Personal Trainer aus Montreal, Kanada. Ich beginne damit zu sagen, dass ich nicht der breiteste Typ bin, den Sie jemals treffen werden, und das war nie wirklich mein Ziel. Tatsächlich habe ich begonnen, meine größte Unsicherheit zu überwinden, als ich jünger war, was mein Selbstvertrauen war. Das lag an meiner Größe von nur 168 cm (5 Fuß 5 Zoll), die mich dazu drängte, alles zu versuchen, was ich jemals im Leben erreichen wollte. Möglicherweise stehen Sie gerade vor einigen

Herausforderungen oder Sie möchten einfach nur fit werden, und ich fühle mit Sicherheit mit Ihnen mit.

Ich persönlich war immer ein bisschen an der Gesundheits- und Fitnesswelt interessiert und wollte wegen der zahlreichen Mobbingfälle in meinen Teenagerjahren wegen meiner Größe und meines übergewichtigen Körpers etwas Muskeln aufbauen. Ich dachte, ich könnte nichts gegen meine Körpergröße tun, aber ich kann sicher etwas dagegen tun, wie mein Körper aussieht. Dies war der Beginn meiner Transformationsreise. Ich hatte keine Ahnung, wo ich anfangen sollte, aber ich habe gerade erst angefangen. Ich war manchmal besorgt und hatte Angst, dass andere Leute sich über mich lustig machen würden, wenn sie die Übungen falsch machten. Ich wünschte immer, ich hätte einen Freund neben mir, der sich auskennt, um mir den Einstieg zu erleichtern und mich mit allem vertraut gemacht hätte.

Nach viel Arbeit, Studium und unzähligen Versuchen und Irrtümern begannen einige Leute zu bemerken, wie ich fit wurde und wie ich anfing, mich für das Thema zu interessieren. Dies führte dazu, dass viele Freunde und neue Gesichter zu mir kamen und mich um Rat fragten. Zuerst kam es mir seltsam vor, als Leute mich baten, ihnen zu helfen, in Form zu kommen. Aber was mich am Laufen hielt, war, als sie Veränderungen in ihrem eigenen Körper bemerkten und mir sagten, dass es das erste Mal war, dass sie echte Ergebnisse sahen! Von dort kamen immer mehr Leute zu mir und mir wurde klar, dass es mir nach so viel Lesen und Lernen in diesem Bereich geholfen hat, aber es erlaubte mir auch, anderen zu helfen. Ich bin jetzt ein vollständig zertifizierter Personal Trainer und habe zahlreiche Kunden trainiert, die erstaunliche Ergebnisse erzielt haben.

Heute besitzen und betreiben mein Bruder Alex Kaplo (ebenfalls zertifizierter Personal Trainer) und ich dieses Verlagsprojekt, in dem wir leidenschaftliche und erfahrene

Autoren zusammenbringen, um über Gesundheits- und Fitnessthemen zu schreiben. Wir betreiben auch eine Online-Fitness-Website „HelpMeWorkout.com". Ich würde mich freuen, wenn ich Sie einladen darf, diese Website zu besuchen und sich für unseren E-Mail-Newsletter anmelden (Sie erhalten sogar ein kostenloses Buch).

Zu guter Letzt, wenn Sie in der Position sind, in der ich einmal war und Sie etwas Hilfe wünschen, zögern Sie nicht und fragen Sie... Ich werde da sein, um Ihnen zu helfen!

Ihr Freund und Coach,

George Kaplo

Zertifizierter Personal Trainer

Ein weiteres Buch kostenlos erhalten

Ich möchte mich bei Ihnen für den Kauf dieses Buches bedanken und Ihnen ein weiteres Buch (genauso lang und wertvoll wie dieses Buch), „Gesundheits- & Fitnessfehler, von denen Sie nicht wissen, dass Sie sie machen", völlig kostenlos anbieten.

Besuchen Sie den untenstehenden Link, um sich anzumelden und es zu erhalten:

www.hmwpublishing.com/gift

In diesem Buch werde ich die häufigsten Gesundheits- und Fitnessfehler aufschlüsseln, die einige von Ihnen wahrscheinlich begehen, und ich werde zeigen, wie Sie sich leicht in die beste Form Ihres Lebens bringen können!

Zusätzlich zu diesem wertvollen Geschenk haben Sie auch die Möglichkeit, unsere neuen Bücher kostenlos zu bekommen, Werbegeschenke zu erhalten und andere wertvolle E-Mails von mir zu erhalten. Besuchen Sie hier den Link, um sich anzumelden:

www.hmwpublishing.com/gift

Copyright 2017 von HMW Publishing - Alle Rechte vorbehalten.

Dieses Dokument von HMW Publishing im Besitz der Firma A&G Direct Inc ist darauf ausgerichtet, genaue und zuverlässige Informationen in Bezug auf das behandelte Thema und den behandelten Sachverhalt bereitzustellen. Die Publikation wird mit dem Gedanken verkauft, dass der Verlag keine buchhalterischen, behörd-lich zugelassenen oder anderweitig qualifizierten Dienstleistungen erbringen muss. Wenn rechtliche oder berufliche Beratung erforderlich ist, sollte eine in diesem Beruf praktizierte Person bestellt werden.

Aus einer Grundsatzerklärung, die von einem Ausschuss der American Bar Association und einem Ausschuss der Verlage und Verbände gleichermaßen angenommen und gebilligt wurde.

Es ist in keiner Weise legal, Teile dieses Dokuments in elektronischer Form oder in gedruckter Form zu re-produzieren, zu vervielfältigen oder zu übertragen. Das Aufzeichnen dieser Veröffentlichung ist strengstens untersagt, und eine Speicherung dieses Dokuments ist nur mit schriftlicher Genehmigung des Herausgebers gestattet. Alle Rechte vorbehalten.

Die hierin bereitgestellten Informationen sind wahrheitsgemäß und konsistent, da jede Haftung in Bezug auf Unachtsamkeit oder auf andere Weise durch die Verwendung oder den Missbrauch von Richtlinien, Prozes-sen oder Anweisungen, die darin enthalten sind, in der alleinigen und vollständigen Verantwortung des Le-sers des Empfängers liegt. In keinem Fall wird der Herausgeber für Reparaturen, Schäden oder Verluste auf-grund der hierin enthaltenen Informationen direkt oder indirekt rechtlich verantwortlich oder verantwort-lich gemacht.

Die hierin enthaltenen Informationen werden ausschließlich zu Informationszwecken angeboten und sind daher universell. Die Darstellung der Informationen erfolgt ohne Vertrag oder Garantiezusage.

Die verwendeten Marken sind ohne Zustimmung und die Veröffentlichung der Marke ist ohne Erlaubnis oder Unterstützung durch den Markeninhaber. Alle Warenzeichen und Marken in diesem Buch dienen nur zu Er-läuterungszwecken und gehören den Eigentümern selbst und sind nicht mit diesem Dokument verbunden.

Weitere tolle Bücher finden Sie unter:

HMWPublishing.com

www.ingramcontent.com/pod-product-compliance
Lightning Source LLC
LaVergne TN
LVHW021720060526
838200LV00050B/2768